GEORGES LACHAUD

HISTOIRE

D'UN

MANIFESTE

PARIS

E. DENTU, ÉDITEUR
LIBRAIRE DE LA SOCIÉTÉ DES GENS DE LETTRES
PALAIS-ROYAL, 15-17-19, GALERIE D'ORLÉANS

1883

HISTOIRE

D'UN

MANIFESTE

Paris. — Imp. PAUL DUPONT (Cl.) 21.3.83.

GEORGES LACHAUD

HISTOIRE

D'UN

MANIFESTE

PARIS

E. DENTU, ÉDITEUR

LIBRAIRE DE LA SOCIÉTÉ DES GENS DE LETTRES

PALAIS-ROYAL, 15-17-19, GALERIE D'ORLÉANS

1883

HISTOIRE

D'UN

MANIFESTE

AVANT-PROPOS

16 JANVIER — 24 FÉVRIER

L'épisode d'histoire contemporaine qui avait pris naissance le 16 janvier 1883 par l'affichage d'un écrit signé Napoléon, vient de se clore le 24 février par les divers ordres du jour soumis à la Chambre des députés et votés par elle.

Des événements nouveaux peuvent sans doute se produire; l'arbitraire peut encore menacer le prince Napoléon ; mais ces violences et ces injustices ne seront plus la conséquence directe de ce qu'on a appelé son *manifeste*.

Nous adoptons cette expression de *manifeste* dans le sens grammatical, et non dans celui qu'y attachent les traditions politiques ; nous désignons par ce terme une simple manifestation d'opinions, telle que peut en faire chaque citoyen.

Aujourd'hui l'heure est venue de juger l'ensemble de cet épisode, d'en déterminer le but, d'en apprécier les conséquences immédiates.

Du 16 janvier au 24 février 1883, le prince Napoléon a fait constamment triompher son bon droit.

Il a eu raison devant l'opinion publique, raison devant la justice, raison devant les pouvoirs politiques ; il a eu raison d'une façon si éclatante, que les plus éhontés de ses adversaires se sont vus forcés de s'abstenir.

Violemment blâmés par la magistrature et par le Sénat, les exécuteurs des haines et des terreurs gouvernementales ont dû subir leur affront, et, la joue encore chaude des deux soufflets successivement reçus, ils sont pour la première fois obligés à un respect momentané de la liberté individuelle.

C'est un spectacle qui a sa grandeur de voir un homme seul lutter ainsi pendant de longues semaines contre la colère armée de la force. C'est un spectacle réconfortant pour les amis de la France de voir, grâce au seul sentiment de la légalité, cet homme sortir victorieux d'une telle lutte.

J'ai été l'un des témoins de cette instructive histoire ; je raconte ce que j'ai vu. A ceux qui me liront de porter un jugement.

Ce qu'on a fait contre le prince Napoléon est-il grotesque ou odieux ? Faut-il s'indigner ou rire ?

Qu'importe, si le rire ou l'indignation aboutit également au mépris pour les sectaires, à l'admiration pour les derniers serviteurs du droit.

AVANT LE MANIFESTE

Quelle était la situation politique du prince Napoléon avant la publication de son manifeste?

Le Prince pouvait compter sur le concours des bonapartistes logiques et des républicains désabusés.

LES BONAPARTISTES LOGIQUES

Le prince Napoléon a conservé intacte la tradition de Napoléon Ier; il a pour son oncle une admiration voisine de l'enthousiasme, et défend la vraie doctrine napoléonienne.

Souveraineté de la nation s'exerçant directement par le plébiscite; droit pour le peuple de choisir son chef, et d'instituer tel régime politique qui plaira au plus grand nombre.

Favorable au gouvernement représentatif, qui place auprès du chef de l'État des conseillers élus, mais hostile au gouvernement parlementaire, avec son système compliqué de contre-poids et de bascules, le Prince est partisan d'une autorité ferme.

S'attachant fortement aux théories de gouvernement émises par Napoléon Ier, il considère le Concordat comme un frein pour le clergé, en même temps que comme un bienfait.

Il est donc naturel que les bonapartistes, épris de l'idée napoléonienne dans sa formule exacte et logique, aient suivi le prince Napoléon.

LES RÉPUBLICAINS DÉSABUSÉS

Quand un homme d'État proclame la souveraineté du peuple dans toute son étendue, accepte sans hésitation la forme de gouvernement que la nation choisira, et ne demande d'autre droit que celui de prendre, sous la protection des souvenirs glorieux de sa famille, la place d'un citoyen parmi les autres citoyens, tous les républicains peuvent s'unir à lui.

Quand cet homme a sans cesse réclamé les réformes les plus profondes, quand il a protégé à l'extérieur l'unité italienne et à l'intérieur les modifications libérales, quand sa haute intelligence n'est méconnue par personne, même par ses adversaires acharnés, les républicains désabusés, ceux qu voient avec indignation leur République exploitée par des politiciens, doivent être tentés de venir à ce démocrate pratique, pour substituer des réalités à de pompeuses fictions.

Que de républicains mécontents se sont dit en

pensant au prince Napoléon : « Mieux vaudrait ce prince, qui s'attache à devenir citoyen, que tous ces citoyens qui n'aspirent qu'à ressembler à des princes ! »

D'autres songent qu'à l'heure, prochaine peut-être, de la débâcle, le prince Napoléon pourrait bien devenir l'obstacle décisif qui empêchera la démocratie française d'être anéantie par la monarchie de droit divin.

LE PRINCE NAPOLÉON EST-IL UN PRÉTENDANT ?

C'est d'accord avec le Prince et sous son inspiration que ses conseils ont écrit dans leur protestation au garde des sceaux : « Le prince Napoléon a toujours fait acte de citoyen, jamais de prétendant. »

Dans ses interrogatoires, le Prince a exprimé à diverses reprises la même idée.

Qu'entendait le Prince par cette déclaration ? Peut-il la concilier avec le passage de son manifeste où il dit que son nom a réuni sept millions trois cent mille suffrages ?

A ce sujet, mentionnons que, lors du plébiscite de 1870, ce fut l'Empereur Napoléon III lui-même qui tint à faire insérer, dans le texte de la question soumise au peuple, le nom du prince Napoléon ; de sorte que les droits de celui-ci, qui avaient déjà été implicitement reconnus par le plébiscite de 1852 l'ont été expressément en 1870.

Pourquoi le Prince a-t-il rappelé en 1883 cette circonstance, et quels sont ces droits qu'il invoque ?

Prétend-il, au nom de ces millions de suffrages, remonter sur un trône dont il serait l'héritier ?

S'il parlait ainsi, il accepterait la théorie dynastique et répudierait le droit populaire.

Le Prince invoque simplement, comme des titres à la confiance de la nation, les suffrages réunis sur le nom de chaque Napoléon.

« A l'égal de tous les citoyens, je puis, semble-t-il dire, me présenter à vous. Vous avez déjà été appelés à voter sur mon nom, et vous m'avez acclamé. Je suis le chef de ma famille, comme chacun d'entre vous peut être le chef de la sienne. Ma famille s'appelle Napoléon. Jugez en pleine liberté si le souvenir que ce nom vous a laissé me sert auprès de vous ou me condamne. »

Celui qui pense de la sorte n'est pas un prétendant, c'est un candidat, c'est-à-dire un citoyen.

LE PARTI DU PRINCE NAPOLÉON

Le prince Napoléon aura toujours un parti, que les impérialistes lui prêtent ou lui refusent leur concours.

Si ceux-ci l'avaient abandonné, ils auraient détruit de leurs mains leur propre théorie d'hérédité monarchique (que le Prince subordonne du reste à la volonté populaire); ils devenaient d'inconscients républicains et cessaient d'exister en qualité de parti distinct.

Au contraire, tant que les républicains au pouvoir commettront des fautes grossières, un grand nombre de démocrates intelligents tourneront les yeux vers cette personnalité du prince Napoléon, si profondément imbue de démocratie.

Populaire ou non, sympathique ou non, le prince Napoléon, à cause de son passé, de ses doctrines, à cause peut-être même des animosités qu'il excite, semble, qu'on nous passe la trivialité de l'expression, un « en cas » pour la démocratie ; aussi, même sans les impérialistes, il est encore quelque chose ; sans lui, tant qu'il vivra, les bonapartistes ne seront rien.

LA PRÉPARATION DU MANIFESTE

Telle était la situation politique du prince Napoléon au moment où il songea à parler à ses concitoyens.

Il fut sans doute déterminé par l'impression douloureuse qu'il ressentit au cours d'un voyage à l'étranger, en entendant les jugements qu'on y porte sur le gouvernement français.

C'est qu'hélas les étrangers confondent trop souvent un pays avec ceux par lesquels il se laisse gouverner.

Le Prince crut qu'il serait utile d'expliquer hautement les raisons de cet abaissement à l'extérieur et d'en attribuer la responsabilité au mauvais état des affaires intérieures; de séparer, en un mot, la France des maîtres de la France.

Il savait que le nom de sa famille placé au bas d'un document donnerait aux idées qu'il voulait répandre une grande autorité ; ses amis, moins modestes que lui, considéraient que sa propre personnalité et sa haute valeur intellectuelle augmenteraient l'importance de la déclaration.

Le Prince consulta quelques-uns de ses familiers qui furent fort honorés de cette marque de confiance. Il y eut même un échange de correspondances. Ces lettres furent saisies plus tard, au cours de l'instruction criminelle, à l'époque où l'on essayait de découvrir une apparence de complot.

Il en résulta que tel correspondant donnait au Prince le conseil de supprimer un passage ; tel autre proposait d'ajouter une phrase, etc., etc.

Évidemment, c'était la conspiration au premier chef. Tous les collaborateurs devenaient des complices.

Seulement, quand le magistrat chargé de l'instruction compara le manifeste imprimé avec le brouillon sur lequel les amis du Prince avaient donné leur avis, il s'aperçut que les deux textes étaient absolument identiques.

— Eh bien, monsieur le juge, dit le Prince en riant, ai-je des complices ?

—Je vois bien, fit le magistrat déconcerté, que vous avez un grand nombre de conseillers, mais je vois surtout que vous ne suivez jamais leurs conseils.

Ce qui fut bien gardé, ce fut le secret. Trois mois de silence; et presque tous les conjurés étaient avocats !

———

COMMENT PUBLIERAIT-ON ?

Serait-ce par la voie de la presse ? Sous forme de lettre ? Il y a tant de journaux, et tant d'articles dans chaque journal, que la publicité y devient diffuse et par conséquent inefficace.

Le Prince eut l'idée d'afficher son écrit. Nul n'avait songé à ce moyen de propagande.

Qui donc, en effet, s'était donné la peine d'étudier la loi de 1881 sur la presse ? Personne, pas même ceux qui l'avaient confectionnée. Cette loi autorise un moyen de publicité politique facile et excellent, l'affiche.

Il y a un siècle que les commerçants se sont aperçus que la meilleure manière d'attirer le chaland était de lui sauter aux yeux quand il s'en va, le nez en l'air, à travers les rues.

Les hommes politiques reconnaissent bien cette efficacité de l'affiche quand il s'agit d'élections ; mais lorsqu'ils veulent émettre leurs idées, ils en sont encore au journal.

Et, pourtant, quelle foule autour d'une affiche politique, quelle émotion ! Tandis que le lecteur solitaire, qui marche un journal à la main, prouve par son attitude seule le peu d'importance qu'il attache à ce qu'il lit !

Il a fallu dix-huit mois pour qu'un esprit ingénieux comprît tout le parti qu'on pouvait tirer de la liberté de l'affichage inscrite dans la loi de 1881.

Le prince Napoléon en a usé, et les auteurs de la loi de 1881 ont témoigné la plus vive stupéfaction :

« Est-il possible ! quoi, c'est nous qui avons voté cette monstruosité : la rue libre pour les ennemis du gouvernement ! »

Et dès qu'on leur a eu bien démontré ce qu'ils avaient concédé, ils ont immédiatement annoncé qu'ils allaient reprendre cette concession.

L'affiche libre était morte le jour où quelqu'un avait eu l'idée de s'en servir.

QUAND PUBLIERAIT-ON ?

Ici le Prince n'eut pas de conseillers.

La mort de M. Gambetta fut la cause, a-t-on dit, de la publication du manifeste.

J'en suis persuadé pour ma part.

Le prince Napoléon avait une grande estime pour la capacité politique de M. Gambetta. Il n'admirait guère son talent oratoire. Cette exubérance, cette absence de mesure, cette multiplicité de mots estompant la pensée au lieu de la préciser, cet usage immodéré de formules frappantes, mais presque toujours fausses, ne pouvaient plaire à un esprit net, à un logicien implacable comme le prince Napoléon. Mais il appréciait l'influence que M. Gambetta avait su prendre, le parti que celui-ci tirait de deux ou trois légendes et la merveilleuse habileté de sa tactique électorale

Le Prince ne croyait pas à la chute définitive du « grand ministre ». M. Gambetta renversé ressemblait au lutteur dont les deux épaules n'ont pas encore touché terre et qui est souvent plus dangereux couché que debout.

Le parti républicain avait abdiqué entre les mains de M. Gambetta au point de n'avoir rien conservé. M. Gambetta emportait donc tout dans la tombe.

Le Prince voulut constater le vide immense créé

par la mort du tribun ; on en a vu clairement la
profondeur.

LA PUBLICATION

Nul n'ignore comment le manifeste fut commu-
niqué au journal *le Figaro*, comment il fut imprimé
par la Grande Imprimerie, affiché par la maison
Reinier, sans que la police secrète ait eu même le
soupçon d'un projet quelconque.

LES AGENTS SECRETS

Quelle police ! De braves gens, du reste, ces
agents qui, aujourd'hui encore, se promènent mé-
lancoliquement sous les fenêtres du Prince, avenue
d'Antin. Oh ! ce ne sont pas eux qu'on accusera jamais
de perfidie et de mensonge. Polis, doux, empressés
et naïfs à en remontrer à une rosière. Il n'y a qu'à
les voir opérer pour comprendre que la Préfecture
ait ignoré jusque trois heures après la divulgation,
un événement qui devait tout bouleverser pendant
un mois. Marchant deux à deux, bien ostensible-
ment, faisant trois cents pas en avant, trois cents

pas en arrière, ils ont l'air de dire à ceux qui craindraient de se montrer : « Prenez bien garde, nous sommes les agents secrets ! »

On voudrait les entendre chanter à tue-tête un chœur d'opérette : Nous sommes les agents secrets ; sachez-le bien, secrets, secrets.

Et, comble de bienveillance ! on a eu soin de placer, pour surveiller le Prince et ses amis, les mêmes agents que le Prince et ses amis ont vus tous les jours à la Conciergerie et à Auteuil pendant trois semaines.

Le gouvernement n'a de franchise que dans sa police secrète.

L'EFFET DU MANIFESTE

La lecture de l'écrit adressé par Napoléon à ses concitoyens produisit une émotion considérable. Il semblait que le Prince parlât pour la première fois ; c'est simplement parce que personne ne s'était donné la peine de lire scrupuleusement ce qu'il avait déjà publié.

Depuis que tous les Français ou à peu près savent lire, il semble que personne ne lise plus. Si vous écrivez une lettre politique, une profession de foi, soyez certain que sur cent mille de ceux qui croiront l'avoir lue, cinquante mille auront tout juste déchiffré l'adresse et la signature ; quarante mille auront parcouru la première et la dernière phrase. Le reste aura butiné au hasard les paragraphes très courts. Croyez-vous qu'une centaine d'hommes désœuvrés vous auront fait l'honneur de jeter un œil distrait sur chaque mot de votre écrit ? Vous êtes bien ambitieux.

Il faudra, pour que le public daigne prendre une connaissance complète de ce que vous lui soumettrez, quelque circonstance exceptionnelle : celle, par exemple, qui résulte d'un obstacle considérable mis à la diffusion de votre écrit.

Si on le poursuit, si on le lacère, si surtout l'on s'attaque à votre personne, les moindres termes de votre œuvre seront examinés et pesés ; pour la première fois vous serez entendu.

C'est ce qui est arrivé à l'égard du manifeste du prince Napoléon.

Le Prince y a dit en des termes presque identiques ce qu'il avait répété cent fois dans ses discours et dans ses publications.

Pourtant l'on s'est étonné.

Un des plus éminents serviteurs de Napoléon III parlait en ces termes dans une réunion d'hommes politiques, tenue depuis le 16 janvier :

« Après la mort du prince Impérial, il y avait,
« pour les bonapartistes qui ne professaient pas les
« mêmes opinions que le prince Napoléon, deux
« partis à prendre : lui opposer son fils ; c'était im-
« pie ; s'abstenir et se confiner dans la retraite, c'es

« ce que j'ai fait moi-même. Mais quand j'ai lu un
« écrit émanant du Prince et qui contenait la pure
« doctrine napoléonienne, un écrit conforme aux
« traditions de toute ma vie, je me suis dit que je
« ne pouvais refuser mon concours à l'héritier des
« Napoléons. »

Or, cette pure doctrine napoléonienne, précisée
dans l'affiche du 16 janvier, le Prince l'avait défen-
due sans cesse.

Si nous prenons pour exemple la question religieuse et la lettre du 5 avril 1880, relative aux congrégations, lettre après laquelle le prince Napoléon
fut hautement traité d'adversaire de la religion,
nous y trouvons les passages suivants :

« Un Napoléon ne saurait, sans mentir à son origine, se montrer l'ennemi soit de la religion, soit de
la Révolution. »

« La religion, a dit mon oncle à Sainte-Hélène, est
l'appui de la bonne morale, des vrais principes. »

Et plus loin :

« Napoléon a concilié par le Concordat ces deux
forces également indestructibles, quoique d'origine
et de nature bien différentes.

« Dans cette œuvre immortelle il a tracé, avec
la clairvoyance du génie, le domaine respectif de
l'Église et de l'État, assuré à la société le plus précieux
des biens, la paix religieuse, et à chaque citoyen le
plus sacré des droits, la liberté de conscience. »

Le Prince dénonce, dans cette lettre, « les sectaires qui poursuivent l'organisation d'une société
sans Dieu et sans morale », et déclare que, « lors

qu'on réclamera la suppression du budget des cultes et la fermeture des églises, il s'y opposera ».

Déjà il avait dit dans un de ses discours :

« Nous voulons que le prêtre reste vénéré, respecté ; qu'il soit entouré des garanties qui appartiennent à chaque citoyen. »

Le 16 janvier 1883, le Prince place dans son manifeste les lignes suivantes :

« La religion, attaquée par un athéisme persécuteur, n'est pas protégée. Et, cependant, ce grand intérêt de toute société civilisée est plus facile à sauvegarder que tout autre par l'application loyale du Concordat, qui seul peut nous donner la paix religieuse. »

Peut-on soutenir que les deux pensées ne sont pas semblables. Seulement le 5 avril 1880, on ne s'était occupé que d'une question de détail, celle des congrégations et l'on avait négligé la théorie d'ensemble où le Prince se montrait aussi respectueux de la religion que dans le manifeste de 1883.

On a souvent, parmi les bonapartistes, reproché au prince Napoléon d'avoir accepté le fait politique de l'existence de la République. Quelles ont été, au sujet des droits du peuple, les constantes doctrines du Prince?

En 1865, il rappelait, à Ajaccio, les paroles de Napoléon Ier : « Soldat, magistrat et souverain, je dois tout à mon épée et à l'amour du peuple. »

En 1871, il écrivait à ses électeurs de Corse : « Le droit populaire! A quelle autre source peut-on puiser la force et la légitimité nécessaires à un gouver nement définitif, sinon en les demandant au consentement loyal et libre des citoyens ? »

En 1873, répondant aux rédacteurs de l'*Avenir National*, il disait : « Il faut oublier les dissentiments, les attaques, les luttes, les souffrances réciproques, les insultes même, pour affirmer le principe de la souveraineté nationale, en dehors duquel il n'y a que dangers, discorde et nouveaux désastres ! »

En 1883, le Prince écrit : « Je ne représente pas un parti, mais une cause et un principe. Cette cause est celle de tous, bien plus que la mienne.

« Ce principe, c'est le droit qu'a le peuple de nommer son chef. Nier ce droit est un attentat contre la souveraineté nationale. »

Où se trouve la contradiction ? Et pourtant on disait autrefois au Prince : « Vous êtes un républicain, » et maintenant on lui reproche d'être un prétendant.

Nous pourrions multiplier les citations et retrouver dans les écrits du Prince, sur les lois constitutionnelles, sur l'organisation militaire, sur l'administration, sur les finances, sur la politique extérieure, les opinions émises dans le manifeste.

La pensée du Prince n'a pas varié : ne serait-ce pas le public qui s'est montré cette fois plus attentif ? La captivité du prince Napoléon n'a pas nui à cette intensité d'attention. Eh bien ! être enfin écouté et compris, cela vaut bien vingt-quatre jours de prison !

L'ATTITUDE DES BONAPARTISTES

L'auteur de cette brochure est bonapartiste par tradition, par conviction, par sympathies ; il aime son parti, mais il essaye de le voir tel qu'il est et il aspire sur ce point à l'impartialité. Il croit connaître les petites faiblesses de ses amis ; mais il n'ignore pas leurs sérieuses qualités.

Le parti bonapartiste est généreux et impressionnable, ce qui fait qu'en politique il cède souvent, trop souvent parfois, aux inspirations du sentiment.

C'est non seulement parce qu'un malentendu sur les opinions du prince Napoléon se dissipait le 16 janvier, mais c'est aussi, c'est surtout, parce que ce jour-là le Prince a été persécuté, que tout le parti bonapartiste s'est groupé autour de lui.

Et, dans cette pensée, les bonapartistes se sont rencontrés avec cette noble femme qui, depuis son double deuil, s'est souvenue une seule fois de son titre d'impératrice, pour protester contre la violation du droit.

LE GOUVERNEMENT

Que se passa-t-il parmi les hommes du gouvernement à la lecture du manifeste ?

On se rappelle que le garde des sceaux, M. Devès, déclara à la tribune que la justice avait agi spontanément.

Certains prétendent que cette action judiciaire fut spécialement provoquée, et que, sur six juges d'instruction consultés, deux seulement furent d'avis de poursuivre. Evidemment ce sont là des calomnies. Un ministre de la justice ne saurait affirmer publiquement un fait contraire à la vérité. Croyons donc aveuglément ce que M. Devès a déclaré. C'est M. Benoit, juge d'instruction, qui seul a agi le 16 janvier.

———

M. BENOIT

On m'a raconté une délicieuse anecdote qui date d'un temps où l'on avait encore de l'esprit, même au Palais de Justice.

Vers la fin du règne de Louis-Philippe, un jeune magistrat, gourmé et solennel, fut, par la faveur de quelques protecteurs puissants, nommé juge d'instruction à Paris.

Il arriva, tout gonflé d'importance, et il fit confidence de son extrême satisfaction à un de ses amis intimes.

« C'est beau, lui dit-il, d'être juge d'instruction; on exerce une véritable souveraineté ! Sais-tu que je ne dois compte de mes actes à personne ; que si j'en avais le caprice, je pourrais faire arrêter le duc d'Orléans lui-même.

— C'est vrai, répondit doucement l'ami, mais je ne te le conseille pas. »

Cette conversation s'ébruita,et le malheureux juge d'instruction ne put plus désormais traverser les couloirs du Palais sans que quelqu'un l'arrêtât et le prenant à part :

« Est-ce vrai ce qu'on nous raconte, lui disait-on en baissant la voix ; on prétend que vous voulez faire arrêter le duc d'Orléans? Certainement, vous en avez le droit ; mais, croyez-moi, je ne vous le conseille pas. »

M. Benoit n'a pas fait arrêter le duc d'Orléans, il n'avait sous la main que le prince Napoléon. Mais il était tentant d'ordonner une telle capture. Quelle puissance ! Le garde des sceaux s'incline devant le magistrat.

« Je ne peux rien, répond au Parlement le ministre de la justice ; M. Benoit agit comme il lui plaît. »

Ce qui équivalait à dire que M. Benoit, en sortant de chez lui, avait aperçu sur un mur une affiche oubliée par les agents, et que, saisi d'une inspiration subite, il avait tout à coup lancé un mandat d'arrêt.

Quel malheur pour les amateurs de pittoresque, que les vingt-trois juges d'instruction, collègues de M. Benoit, n'aient pas eu, en lisant la même affiche, la même inspiration.

Si cette coïncidence fortuite se fût produite, vingt-trois sous-Clément, escortés de vingt-trois escouades d'agents, se fussent présentés chez le Prince en exhibant vingt-trois mandats, et cette armée de policiers, munie de vingt-tro s fiacres, se fût disputé avec énergie son unique prisonnier.

Mais les hommes d'action ont seuls de ces hautes inspirations. Seul M. Benoit s'émut et seul aussi il comprit son omnipotence ; seul il lança un mandat d'arrêt.

Quel rêve, devenir historique d'un coup ! Sauver la République dont lui seul soupçonnait le péril ; dénoncer l'approche des hordes bonapartistes !

Et, pourtant, si un ami avisé s'était approché discrètement du juge d'instruction, tonitruant et lui avait dit à voix très basse : « Je ne vous conseille pas d'arrêter le prince Napoléon, » quel service ce conseiller n'eût-il pas rendu au sauveur de la paix publique!

Tant de zèle aboutissant à un retentissant désaveu infligé à un magistrat d'ordre secondaire par quatorze magistrats d'ordre supérieur ! c'est à dégoûter de veiller au salut de l'État.

Qui sait, pourtant; quand la magistrature deviendra élective, les quatorze magistrats, qui ont rendu le prince Napoléon à la liberté, risqueront fort de n'être pas élus à Belleville, tandis que M. le juge d'instruction Benoit...

M. Benoit fut la tête, M. Clément servit de bras.

M. CLÉMENT

M. Clément est un vigoureux personnage ; mais un homme calme qui ne se sert du revolver qu'à la dernière extrémité et seulement sous les gouvernements autoritaires. Sous les gouvernements libéraux, il ne démolit que les roues de voiture.

Il fait son métier comme on le doit en nos temps rudes. Certes, le capitaine des gardes qui arrêtait les criminels d'Etat aux époques de la monarchie avait plus grandes façons, mais il coûtait plus cher au gouvernement.

J'ignore si Protot, que M. Clément, arrêta et sur lequel il tira maladroitement sans l'atteindre, est encore de ce monde. Si Protot est vivant et s'il redevient ministre de la justice, il emploiera sans doute M. Clément à arrêter M. Ferry ou M. Devès.

Les amis du prince Napoléon ne dédaignaient pas M. Clément ; ils disaient au prince :

« Ce M. Clément est un homme à remarquer. Il paraît un peu brutal dans sa façon d'accomplir sa besogne, mais il a du poignet et de l'aplomb. Si jamais vous arrivez au pouvoir, vous pourrez vous en servir. »

« Ce serait bien volontiers, répliqua le Prince, mais à quoi l'emploierais-je ? Le jour où je serais au pouvoir, il n'y aurait plus d'arrestations politiques. »

LE JOURNAL DU PRINCE

Le Prince a noté scrupuleusement tous les faits qui se sont produits entre son arrestation et sa mise en liberté.

Nous avons eu communication de ces notes, et nous y avons puisé certains faits encore ignorés et qui nous semblent joindre à leur caractère d'authenticité un vif intérêt.

L'ARRESTATION

Les détails en sont connus et ont été exactement rapportés . Arrivé à la Conciergerie, le Prince resta pendant trois heures dans le cabinet du directeur de la prison, en tête-à-tête avec M. Clément. Aucune parole ne fut prononcée de part et d'autre.

A sept heures, le juge d'instruction entra avec son greffier.

PREMIER INTERROGATOIRE DU PRINCE

Le Juge. — Êtes-vous le signataire de ce manifeste ?

Le Prince. — Oui.

Le Juge. — Vous vous y posez en prétendant ?

Le Prince. — Non.

Le juge adressa d'autres questions sur chacune des phrases du manifeste.

Le Prince répondit :

« Je n'ai rien à vous répondre avant d'avoir vu mes conseils. »

L'interrogatoire fut relu et signé par le Prince.

Après cette formalité, le juge dit quelques mots de la gravité de l'affaire. Il lut au Prince des articles du *Petit Caporal.*

Le Prince. — C'est une dérision. Ce journal m'attaque tous les jours depuis deux ans, et vous voulez me rendre responsable de ce qu'il contient.

Le Juge. — Mais il est impérialiste.

Le Prince. — Alors pourquoi M. Grévy n'est-il pas compromis par les socialistes de Lyon et les anarchistes ? Ce sont aussi des républicains.

LES CONSEILS DU PRINCE

Le mercredi, le Prince fit choix de ses conseils.

Ce furent MM. Raoul Duval, Busson-Billault, Jolibois, Philis et Georges Lachaud.

RAOUL DUVAL

Un grand esprit, quoique tout le monde le dise. Ne craignez rien, mon cher Duval, quand vous aurez été quelque temps aux affaires, ce qui viendra, on le dira moins qu'aujourd'hui, et ce sera tout aussi vrai.

Un grand esprit, très ouvert à toutes les idées qui lui paraissent justes ; ce qui fait que les imbéciles l'accusent de versatilité.

Un grand orateur ; de l'élan et de la correction, ce qui est rare. Les uns parlent avec leur cœur, et en quelle langue, grand Dieu ! Les autres lancent, en français d'assez bon aloi, des phrases toutes gelées.

Raoul Duval croit qu'on peut être ému autrement qu'en patois.

Et dire qu'un tel maître n'a pas de tribune sur ce sol de France où bafouillent du matin au soir, et parfois assez avant dans la nuit, tant d'avocassiers politiques ou autres.

Messieurs de la chambre des mises en accusation, la justice vous doit des remerciements ; mais l'éloquence judiciaire vous en veut pour la belle harangue dont vous l'avez privée.

BUSSON-BILLAULT

Le jurisconsulte du conseil de défense. Un ancien ministre de l'époque où ce titre représentait tout un passé de talent, de travail et d'honneur. Busson-Billault est ce qu'on appelait un bonapartiste de l'ancienne école, membre des comités chargés de régler les affaires privées de l'Empereur, de l'Impératrice, du Prince Impérial, et, malgré cela ou à cause de cela, resté profondément dévoué au prince Napoléon.

Le choix que fit de lui l'héritier des Napoléons est le couronnement légitime d'une belle et loyale carrière.

JOLIBOIS

J'aurais voulu entendre cet ancien procureur général requérir contre le ministère public devant le Sénat ou la cour d'assises. Les jurés ou les sénateurs eussent été capables de condamner les accusateurs du Prince à la déportation dans une enceinte fortifiée.

Je ne connais rien de plus désastreux pour ses adversaires que la modération de Jolibois.

Quand les ardents députés de droite se laissent aller à leurs emportements, Jolibois ne dit rien, mais il regarde la gauche avec un sourire de satisfaction. C'est qu'il savoure, en amateur qu'il est, le bon trait que d'une voix stridente il va décocher tout à l'heure. Ses amis, épuisés, finissent par perdre la voix et par se taire; Jolibois lance son mot, puis il s'assied, toujours souriant.

Il n'a pas fait beaucoup de bruit ; mais le coup discret a porté.

PHILIS

Un ancien avocat réinscrit d'hier, qui fut sous-secrétaire d'État à la justice, lorsque le ministre avait des soucis d'un ordre différent.

Aussi Philis a-t-il nommé bon nombre de magistrats encore en fonctions; ce qui amenait à la Conciergerie des dialogues comme celui-ci :

« Si, dans telle circonstance, nous devons être jugés par telle juridiction, que pensez-vous, Philis, du conseiller X, qui fait partie de la Chambre ?

— Rien de bon, Monseigneur.

— Halte-là, Philis ; c'est vous qui l'avez nommé ?

— Sur votre recommandation, Monseigneur.

— C'est vrai ; je l'ai préféré à Z.

— Vous avez bien fait ; Z est devenu encore pis.

— Naturellement ; c'était le plus... empressé des deux ».

Qui donc définissait Philis : un sage qui a renoncé à tout, excepté à l'esprit et au dévouement ?

GEORGES LACHAUD

Un ami.

Les cinq défenseurs du Prince ont fait de leur mieux. Ils ont protesté à trois reprises différentes Ont-ils exercé quelque influence sur le résultat heureux du procès ? Ils n'en ont point la prétention. S'appropriant le mot d'un médecin illustre, tout au pluspourraient-ils dire :

« Nous l'avons conseillé ; son bon droit l'a sauvé ! »

LES PETITES VEXATIONS

On n'a pas oublié avec quelle obstination on refusa à trois des avocats du Prince la permission de conférer avec leur client, et comment les amis du prisonnier furent longtemps empêchés de le visiter, ce qui ressemblait fort à la mise au secret.

Des vexations misérables s'ajoutèrent à ces mesures. La surveillance devint sévère et tracassière.

La nuit, les agents levaient le rideau de la porte d'entrée pour s'assurer que le Prince était encore dans son lit. Le valet de chambre, Théodule, n'obtint qu'après de longues formalités la permission de balayer la chambre, ce qui avait d'abord été interdit ; les aliments étaient examinés avec le plus grand soin ; des planches placées devant les fenêtres rendaient la pièce si sombre, qu'on y voyait à peine pour écrire.

Tout cela n'est que vétilles , mais démontre l'indéniable petitesse d'esprit des grands hommes d'État qui présidaient à ces niaiseries.

ARGUMENT DE DÉFENSE

Nous trouvons dans les notes du prisonnier, après l'énumération de ces petites persécutions, les lignes suivantes, où il a mentionné une pensée juste qui venait de surgir dans son esprit et qu'il voulait communiquer à ses conseils :

« La Constitution revisable en totalité et en partie ne peut être considérée comme une Constitution définitive. Une Constitution revisable est provisoire ; elle ne peut avoir ni le droit ni les armes d'une Constitution définitive. »

Toute la défense du prince Napoléon est indiquée dans ces lignes.

Bien fou celui qui prêcherait l'insurrection contre

une Constitution qui a préparé elle-même la procédure de sa propre destruction. Bien coupable celui qui, reconnaissant la souveraineté du peuple, en appellerait à autre chose qu'à cette souveraineté lorsque la revision de la Constitution donne un moyen si efficace et si légal de se passer d'une révolution.

SECOND INTERROGATOIRE DU PRINCE

Ce fut le jeudi 20 janvier que le Prince subit son second interrogatoire. Nous en donnons le résumé. Si, comme l'équité et l'interprétation juridique de l'esprit de la loi semblaient le commander, la défense eût reçu la communication du dossier (communication qui a été déjà autorisée dans des affaires de fausse monnaie et de parricide), et qui a été inutilement réclamée par les défenseurs du Prince, il nous serait possible de vérifier l'exactitude rigoureuse de ce récit rédigé de mémoire.

Tout ce que nous pouvons affirmer, c'est que le sens des demandes et des réponses a été respecté scrupuleusement.

Le Juge. — Êtes-vous un prétendant ?

Le Prince. — Non.

Le Juge. — Les termes de votre manifeste l'indiquent. Le mot *résolution virile* signifie une prise d'armes.

Le Prince. — Ces mots signifient une manifesta-

tion de l'opinion publique ; par exemple : un péti-
tionnement.

Le Juge. — Vous avez signé *Napoléon* tout court.

Le Prince. — Certainement ; jusqu'au second empire j'ai signé *Napoléon Bonaparte*. Après son avène-
ment au trône, l'Empereur me fit remarquer qu'une
dynastie, dont je faisais partie, n'avait pas de nom
de famille. Je répondis alors que, n'ayant pas de nom
de famille, il ne me restait plus qu'à signer de mon
nom de baptème : *Napoléon*. Mais, comme cela aurait
pu faire confusion avec la signature de l'Empereur,
nous convînmes que, pour éviter cet inconvénient,
je signerais *Napoléon* (Jérôme), c'est-à-dire fils de Jérôme. Cela fut admis et dura jusqu'à mon élection à la
Chambre en 1876, où je fus désigné sous le nom de
Napoléon Bonaparte (Jérôme). Lorsque mon fils aîné
obtint son diplôme de bachelier, le ministre de l'instruction publique ne voulut le désigner que par les
noms portés sur son acte de naissance : *Napoléon
Victor*. On fit la même observation au ministère de
la guerre, lors de son engagement conditionnel ; je
voulais l'appeler *Victor Bonaparte;* on ne le permit
pas. Depuis lors, m'appliquant à moi-même ce
principe de ne prendre que les noms inscrits sur
nos actes de naissance, je signe *Napoléon*. Mon acte
de naissance fait en latin, à Trieste, ne porte que ce
nom. Le diplôme de Victor est signé : Paul Bert, et ne
porte que Napoléon.

Le Juge. — La phrase : *Seul héritier de Napoléon I*^{er}
et de Napoléon III révèle que vous êtes un prétendant.

Le Prince. — Vous vous trompez ; j'ai rappelé des événements dont je m'enorgueillis (je suis l'héritier de Napoléon Ier et de Napoléon III ; j'ai été plébiscité par 7,300,000 suffrages) ; j'ai rappelé les huit plébiscites ; j'ai rappelé les paroles de Napoléon Ier ; ce sont des faits historiques et non des affirmations de mon droit de prétendant. J'aurais pu dire que j'étais le neveu de celui qui a gagné vingt batailles : Marengo, Austerlitz, etc., de l'auteur de nos codes, du signataire du Concordat ; j'aurais simplement raconté l'histoire de la France. »

Le Juge. — Vous avez distribué le *Figaro.*

Le Prince. — J'aurais pu le faire, c'était mon droit ; mais c'eût été inutile ; en fait, cela n'a pas eu lieu.

Le Juge. — Avez-vous des complices ? Votre manifeste a été délibéré et rédigé dans des conciliabules ?

Le Prince. — Non, j'en suis le seul auteur, le seul rédacteur. Quand il a été écrit, j'ai pu consulter quelques rares amis sur des phrases ou des mots, voilà tout ; je n'ai aucun complice selon le terme que vous employez.

Le Juge. — Voici un journal, déposé le 13, intitulé l'*Empire*, et où l'on vous proclame empereur.

Le Prince. — Je ne sais ce que c'est ; cela ne me regarde pas ; singulière conduite que la vôtre ; vous ne poursuivez pas cette feuille, vous ne la trouvez pas délictueuse, et vous voulez m'en rendre responsable.

Le Juge. — Des réunions impérialistes ont eu lieu.

Le Prince. — J'y suis étranger ; mon opinion sur ceux qui les font se trouve dans mon manifeste. Je ne les approuve ni ne les désapprouve.

Le Juge. — Je vous représente une carte arrivée hier à votre adresse ; on vous y traite de Majesté.

Le Prince. — Ce n'est pas une question sérieuse ; une carte qui m'arrive par vos mains ne saurait servir de preuve contre moi.

Le Juge. — Voici une lettre anonyme où l'on vous appelle l'Empereur.

Le Prince. — Cette manière de m'interroger est bizarre ; vous cherchez vos preuves dans des lettres anonymes que vous me représentez ; je suis au secret ; qui me dit que ces lettres sont réelles, que ce n'est pas la police qui les a fait écrire ? Finissons-en ; qu'y a-t-il encore ?

Le Juge. — Rien.

Quelques témoins furent interrogés par la suite, et la chambre des mises en accusation, ayant pris connaissance de leurs dépositions, répéta le mot du juge d'instruction : Rien.

LE PRINCE VICTOR

A cette date du 20 janvier, le Prince reçut une lettre très simple et très belle de son fils Victor. Le jeune soldat y disait le désir qu'il éprouvait de partager la captivité de son père.

Tous ceux qui connaissent le prince Victor savent

l'affection qu'il porte à celui qui a veillé sur son éducation avec le soin du père le plus tendre et la vigilance de l'instituteur le plus éclairé.

Qui d'entre nous n'a été profondément touché en voyant le prince Napoléon suivre avec une sollicitude passionnée les progrès de ce fils bien-aimé, applaudir à ses succès et faire de lui ce qu'est déjà le futur chef de la famille Bonaparte, un homme distingué, égal à la plus haute fortune, si elle lui est réservée, et capable, dans l'adversité, de se montrer digne non seulement du titre de prince mais de celui de Français.

Le prince Victor écrivit plusieurs fois à son père; il n'eut pas la consolation de le visiter à la Conciergerie. La permission lui en fut refusée par le colonel de son régiment. Le prince Victor ne fut autorisé à venir à Paris que le dimanche 4 février, alors que le prince Napoléon avait été déjà transféré dans la maison de santé du docteur Beni-Barde, à Auteuil.

Le prince Victor arriva à quatre heures. Puissent, ce jour-là, tous les bonapartistes avoir assisté à l'entrevue du fils avec le père !

LE VOYAGE DE L'IMPÉRATRICE

L'Impératrice écrivait, deux jours avant son arrivée à Paris, qu'elle avait oublié les dissentiments qui s'étaient jadis élevés entre le prince Napoléon et elle, pour ne se souvenir que du grand nom qu'ils portent tous les deux.

Chacun a compris la démarche de la veuve, de la mère désolée.

L'Impératrice a toujours souhaité la grandeur de la famille où elle a pris place, et le triomphe de l'idée napoléonienne.

Cette grandeur, les paroles du prince Napoléon venaient d'y contribuer ; ce triomphe, il l'avait légalement préparé.

Résumant les motifs de son voyage à l'heure du départ : « J'ai donné l'exemple, » disait l'Impératrice.

L'Impératrice ne vit pas le prince Napoléon en prison. Nul d'entre ses amis n'aurait souffert qu'elle s'en allât faire antichambre chez M. Benoit pour solliciter de ce magistrat une permission. Il est des satisfactions qu'il faut refuser aux triomphateurs.

LA MALLE A SURPRISES

On la fit ouvrir avec empressement, cette malle mystérieuse ; on la renvoya plus précipitamment encore.

Il est clair que le Prince avait voulu la dissimuler, puisqu'il l'avait transportée de son domicile chez M. Ratier ; — mais il est évident que le Prince n'avait pas eu le désir de la soustraire aux recherches, puisqu'il était allé de sa personne, dans sa voiture, la remettre au dépositaire.

Tout cela aurait éclairé Vidocq ou M. Claude.

Mais Vidocq et M. Claude sont tout à fait morts, on s'en aperçoit. — On courut sus à la malle et on la rapporta triomphalement avec un bout d'ambre trouvé dans la cour de l'hôtel de M. Ratier et saisi légitimement comme insolite; car un fumeur qui se sert d'un bout d'ambre ne saurait être qu'un suspect.

On ouvrit la malle.

Ah! mon Dieu! Quoi! A a écrit cela et B ceci! Toutes les lettres de l'alphabet y passèrent.

Que de cœurs ont battu plus fort ce jour-là! Ils peuvent se rassurer, la malle est bien fermée, et, espérons-le, pour toujours.

LES DERNIERS JOURS DE LA CAPTIVITÉ

Le prince Napoléon refusa de demander sa mise en liberté provisoire, qu'on eût été, croyons-nous, fort heureux de lui accorder.

Sur la prescription formelle de ses médecins, il se laissa transférer dans une maison de santé.

La prison avait été pour lui une véritable torture physique. A soixante ans, quand on est habitué à de longues marches, aux exercices du corps, la vie sédentaire, sans air et sans jour, devient intolérable.

Le Prince ne se plaignait pas; il savait ce qu'il risquait le jour où il avait bravé des forcenés, qui sont disposés à défendre leur pouvoir par tous les moyens.

Dans ses conversations avec ses amis, il revenait souvent sur le sort de la France, livrée à de tels hommes. — La lecture des journaux l'affligeait, et, chose curieuse, ce n'étaient pas les attaques personnelles dont il se préoccupait.

Cette exubérance politique lui semblait un dernier signe de vitalité; il pensait à autre chose, et voici la réflexion que nous trouvons consignée dans ses notes :

« Ce qui est frappant, c'est la légèreté de l'opinion dans des circonstances évidemment très graves. Elle ne s'occupe que de bruits, de cancans et de reportage. Ce pays aura de la peine à se sauver des plus grands désastres. »

LA CHAMBRE DES MISES EN ACCUSATION

« Allons, il y a encore des magistrats ! » s'écria le prince Napoléon à la nouvelle de l'arrêt de non-lieu.

C'était le mot juste.

La magistrature française traditionnelle, qui est sans doute à la veille de disparaître, a, comme la plupart des institutions humaines, de graves défauts à côté d'éminentes qualités.

C'est une des rares magistratures que le soupçon de vénalité n'ait jamais atteintes.

La calomnie s'exerce d'une autre façon.

On dénonce le goût des magistrats pour l'avancement.

La robe rouge, quand on ne porte que la robe noire, la Cour de cassation quand on va être atteint à la Cour d'appel par la limite d'âge, ce sont là des rêves qui pourraient hanter le cerveau du magistrat et dissimuler sous un brouillard fâcheux les notions du droit et de la jurisprudence.

D'aucuns le disent et l'écrivent. Est-ce vrai ?

Voilà quatorze magistrats, conseillers à la Cour d'appel ; qu'ont-ils à faire, s'il songent à leur intérêt privé ?

Tous sont âgés. — Il ne s'agit donc point pour eux, comme pour de jeunes magistrats, ambitieux, de préparer un avenir plus ou moins éloigné.

Leur espérance ne tolère plus que les brèves échéances. Quelle peut être cette espérance ? Pour les uns, les plus jeunes, une charge de président de chambre, qui les élèvera au-dessus de leurs collègues ; pour les plus âgés, un siège à la Cour de cassation qui leur permettra de ne prendre leur retraite qu'à soixante-quinze ans. Or, de qui dépend la satisfaction de ces désirs, si impérieux surtout chez le magistrat que la limite d'âge vient arracher à sa carrière ? Du ministère. De ce ministère hargneux et défiant qui sera remplacé par un autre ministère tout aussi hargneux et tout aussi défiant.

Dans quelles proportions seront diminuées les chances d'avancement pour les quatorze magistrats compromis ?

La scrupuleuse justice des futurs gardes des sceaux nous le dira.

Mais jusqu'ici, par une curieuse coïncidence, la conformité de vues des gouvernants et des magistrats n'a jamais nui à la carrière de ces derniers.

C'est donc contre leur intérêt personnel qu'ont statué les magistrats de la Cour.

Sont-ce des héros ? Point du tout. Mais une longue carrière judiciaire enferme un esprit dans certaines règles juridiques dont il ne peut plus sortir. promettez des décorations, des titres, des pensions à un savant, allez jusqu'à lui offrir de destituer ses collègues, vous n'obtiendrez pas qu'il déclare que les trois angles d'un triangle ne sont pas égaux à deux droites. Eh bien ! une réunion de magistrats qui aurait affirmé qu'un simple écrit pouvait constituer un attentat contre la sûreté de l'État eût commis, en droit, une monstruosité aussi choquante que si des géomètres bouleversaient un théorème élémentaire.

Aussi, qu'ils l'aient voulu ou non, leur arrêt est venu, comme un affront mérité, qu'infligeait la magistrature indépendante aux ministres serviles de la démagogie épouvantée.

LA MISE EN LIBERTÉ

— Comment, nous disait le Prince, on m'a retenu prisonnier durant vingt-quatre jours ; on m'a arraché de chez moi, enlevé à mes affaires, causé un préjudice matériel et moral ; on me dit tout simplement : « Allez-vous en, » et je n'ai rien à réclamer.

— Non, Monseigneur, rien. Et vous n'êtes pas le seul à qui arrive pareille mésaventure ; je vous plains moins que beaucoup d'autres. Vous sortez escorté de sympathies ; vous êtes devenu la victime illustre de l'arbitraire, et ceux qui vous ont arrêté restent confus et désappointés. Mais le commerçant dont une arrestation injuste a amené la faillite, qui retrouve son magasin fermé, sa femme sur le pavé, ses enfants sans pain, l'ouvrier arrêté injustement, ne peuvent rien réclamer non plus.

On met le pauvre diable à la porte de la Conciergerie. « Allez, sortez, et vivement. » C'est lui qui a presque l'air de faire des excuses. Il y a sur ce point une bonne loi à faire. Le jour où un Napoléon sera au pouvoir, qu'il se souvienne de l'injuste arrestation du prince Napoléon.

LE RÉSULTAT

Le manifeste du prince Napoléon a provoqué la chute de quelques ministres. S'il n'eût pas amené d'autre résultat, c'eût été un effort bien puéril. A quoi bon ébranler ce qui s'écroule de soi-même.

A-t-il porté un coup formidable à la République parlementaire ? Nous ne le croyons pas. Cette République se soutient parce qu'en elle réside une série d'intérêts privés ; elle est étrangère au juste et à l'injuste, insouciante des idées générales. Que sert de parler du vrai et du bien à ceux qui se repaissent ?

Quant aux affamés qui regardent la fête, on n'a pas besoin de leur répéter ce qu'ils savent trop bien, qu'ils souffrent. Toute l'éloquence du monde n'empêcherait pas les uns de digérer, et ne donnerait pas aux autres le moyen de prendre place à table.

L'ivresse renversera ceux-là ; la faim poussera ceux-ci. Nul ne saurait hâter l'heure de l'échange.

Le but que le Prince a atteint le 16 janvier, et qui lui donne des droits incontestables à notre reconnaissance, c'est qu'il a montré l'incroyable faiblesse de ces attablés.

Imaginez un festin gigantesque où sont assis des convives réunis de toutes parts. Ils se sont affublés de titres ronflants et de loques solennelles; ils déclarent qu'ils possèdent un droit supérieur et qu'ils se défendront impitoyablement.

Autour d'eux des centaines de milliers de soldats se tiennent menaçants.

Devant l'assurance des convives, à l'aspect terrible des soldats, chacun s'effraye, et l'on se dit : « A l'abri de cette protection formidable, leur festin durera toujours. »

Tout à coup les convives se lèvent en poussant des cris de terreur. Ils se bousculent, se hâtent, s'accusant réciproquement de trahison. Ils s'en prennent à leurs chefs et, tout tremblants, demandent des armes.

Puis ils affirment que leurs gardes sont suspects ; ils craignent d'être attaqués par ceux mêmes qui devaient les protéger ; le désarroi devient complet, l'épouvante règne parmi ces triomphants.

Et le passant, qui tout à l'heure les redoutait, se retourne, et, les voyant si pâles et si interdits, demande ce qui leur est arrivé.

Est-ce un ennemi nombreux, est-ce une troupe victorieuse qui les a assaillis ?

« Non, lui répond-on ; quelques lignes écrites par un adversaire ont produit ce bouleversement. »

Le passant hausse les épaules. « J'avais tort de tant les craindre, pense-t-il. »

Le prince Napoléon a dévoilé le peu de confiance que le gouvernement a en soi-même. Voilà le service qu'il a rendu.

A l'heure propice, lui, dont ces puissants du jour

signalaient l'isolement, il a parlé ; et ceux qui se disaient les maîtres du peuple ont pris peur ; tous, non seulement les ministres qui s'évanouissent, non seulement les Parlements qui passent, mais le parti tout entier, qui demeure comme la base de cet échafaudage vacillant.

Nous voyons aujourd'hui ce que vaut leur résistance.

Lorsque, pendant dix **années** de réformes contradictoires, ils eurent vanté leur organisation militaire, et qu'ils l'eurent déclarée capable de résister aux invasions, il suffit de cent Kroumirs inconnus et de dix financiers trop connus pour démontrer que ces Carnots du péristyle étaient incapables de mobiliser quelques milliers d'hommes.

Quand, après cinq années de rodomontades, après s'être proclamés immortels, ils se sont trouvés en face d'un adversaire qu'ils affectaient de dédaigner, ils ont prouvé que leur organisation politique valait exactement leur organisation militaire.

Cela est bon à savoir.

Sans compter que les princes d'Orléans, qui cependant avaient été tout à fait sages, en ont perdu leurs grades !

Et l'on dit que notre temps manque de gaieté !

Mais il est gai... à en pleurer.

APPENDICE

MANIFESTE DU PRINCE NAPOLÉON

Paris, le 15 janvier 1883.

A MES CONCITOYENS.

La France languit.

Quelques-uns parmi ceux qui souffrent s'agitent.

La grande majorité de la nation est dégoûtée. Sans confiance dans le présent, elle semble attendre un avenir qu'elle ne pourra obtenir que par une résolution virile.

Le pouvoir exécutif est affaibli, incapable et impuissant.

Les Chambres sont sans direction et sans volonté.

Le parti au pouvoir méconnaît ses propres principes pour ne rechercher que la satisfaction des passions les moins élevées.

Le Parlement est fractionné à l'infini.

Réactionnaires, modérés, radicaux se sont succédé au gouvernement. Tous ont échoué.

On vous a promis une République réparatrice et réformatrice. Promesse mensongère.

Vous assistez à des crises continuelles qui atteignent le chef de l'État, les ministres et les Chambres.

L'expérience de la République parlementaire, poursuivie depuis douze années, est complète.

Vous n'avez pas de gouvernement.

Le mal réside dans la constitution qui met le pays à la discrétion de huit cents sénateurs et députés.

Des fautes avaient été commises dans le passé. Pourquoi les aggraver au lieu d'y trouver des enseignements?

L'armée, base de notre grandeur et de notre sécurité, est livrée à l'outrecuidance d'hommes incompétents. Ils dissertent depuis dix ans sur sa réorganisation et en sont réduits, après des tâtonnements qui ruinent l'esprit militaire, à chercher encore une bonne loi de recrutement.

L'Administration est discréditée. Les fonctionnaires sont les esclaves des intérêts électoraux les plus mesquins.

Exploiter le pays, ce n'est pas l'administrer.

La magistrature, menacée dans le principe de son indépendance, semble perdre tous les jours, avec la sécurité à laquelle elle a droit, le sentiment de sa mission.

Nos finances sont dilapidées.

Les impôts, lourds et mal répartis, sont maintenus dans un fatal esprit de routine qui met obstacle à tout progrès.

Il est en effet plus facile d'emprunter que de réformer.

Les dépenses s'accroissent sans raison.

Les conditions les plus élémentaires du crédit public sont méconnues. Un agiotage, qui ne doit souvent son impunité qu'à des solidarités compromettantes, a envahi toutes les classes de la société.

La dette flottante est portée à un chiffre qui menace notre crédit à la première secousse.

Malgré des impôts énormes, l'équilibre du budget n'existe pas.

La Religion, attaquée par un athéisme persécuteur, n'est pas protégée. Et cependant ce grand intérêt de toute société civilisée est plus facile à sauvegarder que tout autre par l'application loyale du Concordat, qui seul peut nous donner la paix religieuse.

Les questions sociales, vitales pour notre démocratie, où l'égalité politique doit avoir pour conséquence une meilleure répartition des charges au profit de la classe la plus nombreuse et la plus pauvre, sont niées. L'étude même en est dédaignée. En face de ces problèmes qui s'imposent, nous n'avançons pas, nous reculons.

Notre commerce est atteint par l'abandon des traités de 1860, auxquels nous devions la prospérité ; et l'intérêt des consommateurs et des commerçants est sacrifié.

Notre politique étrangère est de mauvaise foi avec les faibles. Elle est au service de spéculations particulières en Tunisie, dont l'occupation coûteuse est sans profit ; elle est lâche et inepte en Égypte, où les intérêts de la France sont considérables.

On ne peut parcourir les pays étrangers sans une

tristesse profonde. Notre France, naguère si grande, n'a plus aujourd'hui ni amis ni prestige. Elle ne rencontre chez les plus bienveillants qu'une indifférence plus pénible que l'hostilité, et cependant une France forte a sa place nécessaire dans le monde.

Nous ne retrouverons notre position vis-à-vis de l'étranger que par notre relèvement intérieur.

Cette situation provient de l'abandon du principe de la souveraineté nationale. Tant que le peuple n'aura pas parlé, la France ne se relèvera pas.

Héritier de Napoléon Ier et de Napoléon III, je suis le seul homme vivant dont le nom ait réuni *sept millions trois cent mille suffrages.*

Depuis la mort du fils de l'Empereur, j'ai gardé le silence sur l'ensemble de la politique. Ne voulant pas troubler l'expérience qui se poursuivait, j'ai attendu attristé que la parole me fût donnée par les événements. Mon silence n'était que la patriotique expression de mon respect pour le pays.

Ma conduite, mes opinions, mes sentiments ont été systématiquement calomniés. Impassible, je n'ai répondu que par le mépris à ceux qui ont été jusqu'à chercher à exciter les fils contre le père. Efforts odieux et stériles. J'ai dû imposer silence à de jeunes cœurs révoltés par ces incitations. J'ai voulu être seul en face de mes adversaires. Mes fils sont encore étrangers à la politique. L'ordre naturel les désigne après moi, et ils resteront fidèles à la vraie tradition napoléonienne.

On a parlé d'abdication, cela ne sera pas. Lorsqu'on a plus de devoirs que de droits, une abdication est une désertion.

Ces ententes, ces reconnaissances réciproques peuvent convenir à des princes qui se regardent comme ayant des droits supérieurs à la volonté du pays. Les Napoléons, élus et serviteurs du peuple ne sauraient agir ainsi.

Deux principes divisent le monde : celui qui admet un droit supérieur à la volonté du peuple, et celui qui fait résider le principe de tout pouvoir dans cette souveraineté.

Je respecte les pays où ces deux principes s'accordent. En France, il n'en est pas ainsi. Les représentants du passé sont définitivement repoussés.

Pas d'équivoque.

Aucun accord n'est possible avec les partisans du drapeau blanc, devenu le seul emblème de la maison de Bourbon.

S'il y a dissidence entre les partisans de la souveraineté nationale, il n'y a pas entre eux antagonisme absolu.

Les Napoléons défendent la souveraineté directe du peuple. Cette doctrine a été abandonnée par beaucoup de républicains, uniquement par la crainte des votes populaires.

Ce qu'un plébiscite a établi, un nouveau plébiscite peut seul le remplacer.

Je ne représente pas un parti, mais une cause et un principe.

Cette cause est celle de tous bien plus que la mienne.

Ce principe, c'est le droit qu'a le Peuple de nommer son Chef. Nier ce droit est un attentat à la souveraineté nationale.

Le gouvernement s'effondre ; mais une grande démocratie comme la nôtre ne peut se dérober longtemps à la nécessité de constituer l'autorité. Le peuple en a le sentiment. Il l'a prouvé dans les huit plébiscites de 1800, 1802, 1804, 1815, 1848, 1851, 1852 et 1870.

Français, souvenez-vous de ces paroles de Napoléon Ier :

« Tout ce qui est fait sans le Peuple est illégitime. »

NAPOLÉON.

TABLE

Paris. — Imprimerie PAUL DUPONT (Cl.) 21.3 83.